www.ingramcontent.com/pod-product-compliance
Lightning Source LLC
Chambersburg PA
CBHW061349010526
44107CB00011B/874
* 9 7 8 3 9 4 7 8 0 8 0 3 8 *